PAULINE BLÉTRY

NAPOLÉON III

ET

SA BONTÉ

DÉDIÉ

aux Travailleurs de France

PARIS

IMPRIMERIE HENRI JOUVE

15, RUE RACINE, 15

1910

Napoléon III et sa Bonté

AVANT-PROPOS

L'idée napoléonienne grandit et s'étend comme une vive clarté.

L'un des principaux aliments en est la criminelle et croissante incapacité de la République que nous subissons depuis trente-neuf ans. Ce régime, qui ne laisse plus d'illusions à ses partisans d'autrefois, alarme, écœure de plus en plus ceux qui furent assez éclairés pour ne jamais croire à l'honorabilité ni à la force d'un gouvernement né d'une Révolution. Et d'une Révolution d'autant plus répugnante qu'elle fut consommée en face de l'envahisseur tandis que le souverain élu par la nation combattait héroïquement à la frontière pour l'honneur et l'intégrité de la Patrie.

Aujourd'hui les plus indifférents ouvrent enfin les yeux, cherchant une issue par où recouvrer sécurité pour la nation et liberté pour les citoyens.

Et progressivement les masses se dirigent par instinct vers l'idée Napoléonienne, se ressouvenant de ces règnes aussi féconds que glorieux, basés sur les plébiscistes.

La vérité se fait jour. L'Histoire présentant les faits dans son miroir limpide dément les erreurs des uns et fait justice des calomnies comme des bas calculs des autres.

Des écrivains avantageusement connus, parfois célèbres déjà, se sont donné la mission de déchirer le voile du mensonge en proclamant la vérité sur Napoléon III et son règne. Bien que chacun de ces écrivains envisage ces hautes questions sous un jour différent, ils se rencontrent tous dans une œuvre unique pour réhabiliter, pour exalter Napoléon III en démasquant la perfidie de ses ennemis qui furent surtout les ennemis de la France et de son peuple.

Tour à tour des ouvrages signés Cunéo d'Ornano, Pierre de Cinglais, Jean Guétary, Emile Ollivier, Frédéric Masson, Albert Vandal, Quentin-Bauchard, Henri Frichet, Pierre Gérard, André Lebey — d'autres encore — se succèdent à nos regards comme les grains d'un chapelet patriotique dont la chaîne serait faite de souvenirs, de regrets et d'espérances...

Que dire après eux ? N'est-il pas téméraire de chercher à les suivre, même de très loin ?...

Eh bien ! lorsque s'impose une œuvre immense elle n'a jamais trop d'ouvriers. Les moindres d'entre eux ne sont pas incapables d'apporter à l'édifice soit une petite pierre, soit un peu de sable.

Et puis parmi tous les bons Français désireux de connaître pour agir, il en est beaucoup auxquels leur modeste situation ne permet pas de recourir aux grands et beaux livres que je viens de désigner.

Je pense surtout à nos nombreux amis de l'atelier et des champs qu'un labeur aussi méritoire qu'impérieux prive de se livrer à l'étude comme aux recherches qu'elle exige.

C'est pour eux que j'essaie de résumer en quelques lignes les actes de bonté et de générosité de Napoléon III. J'ai voulu, en leur rappelant le souci vraiment paternel de l'Empereur pour les intérêts et le bonheur des humbles leur démontrer ce qu'ils ont perdu — ce que tous nous avons perdu — par la funeste Révolution du Quatre-Septembre.

Puisse cette rapide esquisse d'une figure magnanime ; puisse cet exposé sincère de vérités trop oubliées parler au cœur de ces dignes et loyaux enfants de la France !... De ces hommes laborieux et justes qui sont la portion la plus saine de la nation et qui savent si bien le prouver pourvu qu'un pouvoir tyrannique ne leur arrache pas cette liberté dont ils firent toujours — dont ils feront encore — l'usage le plus éclairé et le plus salutaire !...

SA BONTÉ (1).

Messieurs, Mesdames,

Quel est le motif qui nous rassemble ici dans cette journée de 15 août ?... Quel avantage assez important, quel attrait assez puissant vous a persuadé de lui apporter l'offrande de ces instants réclamés par vos intérêts ou vos convenances ?... Où donc est-il ce spectacle, ce plaisir, ce charme qui nous a tous groupés ici... Je le cherche en vain ; rien ! Rien dans cette salle n'est capable de flatter les sens ou de réjouir l'imagination. Nous n'y trouvons que quelques modestes images : Napoléon Ier le Roi de Rome ; Napoléon III et l'Impératrice Eugénie ; le Petit Prince... Puis l'Exilé de Bruxelles le Prince Victor-Napoléon ; c'est tout.

Aucune jouissance apparente ne vous a donc

1. Conférence prononcée au Ban-de-Laveline (Vosges) le 15 août 1909 devant un auditoire presque entièrement composé d'ouvriers et de cultivateurs.

conviés ici : non Messieurs, non Mesdames ce n'est point une jouissance vulgaire qui vous appelle... Vous avez obéi à une attraction plus délicate et plus noble. Vous avez entendu vibrer dans vos cœurs le cri de la fidélité ! Vous venez saluer un passé qui fut aussi glorieux pour notre pays que paisible et fécond pour nos pères...

Vous êtes les fidèles du passé !

Et la fidélité du souvenir est le plus bel hommage à rendre au bonheur perdu. Le souvenir n'est pas un vain culte ; il est la reconstitution des jours envolés ; il en est pour ainsi dire la résurrection et lorsque ces jours furent délicieux il en prépare le retour par l'espérance. Car c'est l'espérance qui crée l'effort d'où naîtra le triomphe.

Des écrivains intègres autant qu'éclairés se sont appliqués déjà depuis plusieurs années à déchirer le voile épais étendu sur le règne de Napoléon III par la calomnie au service des passions les plus coupables. Ces écrits appuyés de preuves indiscutables ont largement contribué au réveil de l'idée napoléonienne, réveil généralement constaté aujourd'hui et auquel ne restent encore insensibles que bien peu de régions du sol de France. Si nous nous souvenons que ce furent nos aïeuls et après eux nos pères eux-mêmes qui créèrent l'Empire et qui, à sept reprises différentes, l'ont ou restauré ou confirmé, ne devons-nous pas avoir à cœur de nous instruire de ces grands faits pour devenir capables à notre tour de réédifier le régime plébiscitaire par amour pour la France et par respect pour ceux qui nous ont donné la vie sur cette terre de France, asservie et désolée aujourd'hui !...

Oui Messieurs, Mesdames, si la France méconnaissable à l'heure actuelle reste courbée sous un joug déshonorant c'est uniquement parce que lui fut ravie la liberté du régime plébiscitaire qui s'est épanoui dans l'empire, magnifique floraison de la Révolution purifiée.

Pour préparer l'apothéose de la Patrie mourante notre premier devoir est de rechercher avidement — principalement sur le règne de Napoléon III — l'exacte vérité afin de nous en pénétrer d'abord, et ensuite de la répandre sans relâche parmi ceux de nos concitoyens qui pourraient l'ignorer encore. Le moyen le plus efficace d'exercer cet apostolat patriotique est de vulgariser avec zèle nos journaux, nos brochures, nos livres. Et si cet apostolat est de tous le plus efficace il est aussi le plus facile, étant à la portée de chacun de nous. Déjà nous nous sommes entretenus de ces graves questions ; déjà nous avons démontré, documents en main, les artifices sous lesquels succomba Napoléon III ; nous avons en outre démasqué le mensonge s'acharnant contre sa mémoire. Aujourd'hui nous nous efforcerons de rappeler ce qui touche au caractère privé comme aux tendances intimes de celui qu'à si juste titre un de nos écrivains les plus éminents appelle : « Un grand méconnu ».

Il n'est que juste — et votre présence ici démontre que vous l'avez généreusement compris — il n'est que juste, dis-je, que dans cette fête du 15 août nous consacrions quelques instants au souvenir du souverain qui consacra sa vie tout entière, son règne tout entier, son être tout entier au bonheur de nos Pères comme à notre propre bonheur à nous aussi qui jouissons encore d'un grand nombre des lois et institutions bienfaisantes du grand Empereur philanthrope.

Napoléon III naquit à Paris le 20 avril 1808, fils de Louis roi de Hollande, frère de Napoléon Ier, et d'Hortense de Beauharnais fille, en premières noces, de l'Impératrice Joséphine. Le jeune Prince reçut à son baptême les prénoms de Charles-Louis-Napoléon.

En 1814, lors de la chute de l'Empire, la reine Hortense se réfugia en Suisse avec ses fils. Louis-Napoléon avait un frère, son aîné de quatre ans, Charles-Napoléon. La reine Hortense connue dès lors sous le nom de comtesse de Saint-Leu accepta noblement les conséquences du désastre qui frappait la famille Impériale : véritable image de la femme forte, la reine en exil concentra toutes les facultés de son âme dans son amour maternel, jalouse d'assurer à ses fils une éducation digne de leur nom et capable de répondre aux destinées que pouvait leur réserver la Providence.

La reine Hortense — conservons-lui ce titre que lui laissa l'histoire — s'appliquait surtout à préserver ses fils de ces sentiments de hauteur, de vanité auxquels s'ouvre trop souvent l'âme des princes dès leur enfance. Elle voulait que ses fils fussent tout à la fois bons et vaillants.

Le jeune Louis-Napoléon, semblable en cela à beaucoup d'enfants de cet âge, manifestait dans la solitude ou l'obscurité des frayeurs que rien ne pouvait dissiper. Dans la chambre du jeune prince se trouvaient les portraits de l'Empereur et des princes ses frères. Un jour la reine donna l'ordre de les enlever tous. A l'enfant qui lui en témoignait son pénible étonnement la reine fit cette fière réponse :

— Mon fils, les portraits de l'Empereur Napoléon et des héros ses frères ne sont pas faits pour la chambre d'un poltron...

Le prince rougit. Dès ce jour il trouva le courage de dominer ses craintes enfantines et les portraits lui furent rendus (1).

1. Anecdote empruntée au livre de M. Jean Guétary. « *Un grand Méconnu, Napoléon III* ».

En 1831 les deux frères prirent les armes en Italie lors d'une insurrection qui coûta la vie à l'aîné, Charles-Napoléon. Ce prince âgé de vingt-sept ans ne laissait pas d'enfants de son mariage avec la princesse Charlotte, sa cousine, fille du roi Joseph. Toujours la bouillante valeur des Napoléon les rendit trop prodigues d'un sang si précieux pour la Patrie !...

L'année suivante mourait à son tour, à l'âge de vingt et un ans, le fils de Napoléon Ier, l'infortuné roi de Rome captif à la Cour d'Autriche où il avait reçu le titre de duc de Reistadt.

Par ce terrible événement Louis-Napoléon devenait l'héritier de la couronne Impériale et l'espoir de la France régénérée. Il avait vingt-quatre ans.

Dès lors envisageant les devoirs nouveaux que lui conférait ce titre il s'absorba dans la pensée de seconder tout événement lui permettant de rendre sa Patrie à elle-même par l'exercice du plébiscite.

En 1836 il tenta dans ce but une entreprise des plus hardies et vraiment digne des temps héroïques. Surtout depuis la mort du Roi de Rome la France semblait avoir oublié l'Empire. Le Roi Louis-Philippe, alors à l'apogée de sa puissance, répandait sur la nation un bien-être, fragile il est vrai, mais généralement apprécié.

C'est alors qu'un Prince de vingt-huit ans, exilé, pauvre, oublié ; dès la tendre enfance baisé au front par l'adversité ; aidé d'un seul ami — M. de Persigny — résolut de s'élever contre un pouvoir triomphant...

A la fin d'octobre le Prince apparaissait dans Strasbourg. Le 4ᵉ régiment de cavalerie, particulièrement fidèle aux Napoléons, tenait garnison dans cette ville. Par une chaude allocution le colonel présente à ses troupes l'héritier du grand Empereur dont le nom seul fait tressaillir ces braves...

Puis le Prince Louis-Napoléon, magnifique cavalier, s'avance escorté du drapeau surmonté de l'Aigle ; il adresse quelques paroles aux troupes et le régiment tout entier se prend à l'acclamer avec délire.

Le reste de la cavalerie suit cet élan que partage bientôt une partie de l'infanterie.

Déjà les troupes se massent autour de celui qu'elles proclament leur chef ; sur plusieurs points relentit ce cri joyeux : *Vive l'Empereur!*

Alors intervient un officier d'infanterie qui réussit à persuader à ses soldats qu'ils ne sont point en face de Louis-Napoléon, mais d'un vulgaire imposteur... Cette ruse jette le trouble dans l'infanterie qui hésite et recule tandis que la cavalerie persiste : c'est la lutte qui va commencer.

Mais alors par une de ces inspirations héroïques dont abondera sa carrière le Prince donne lui-même le signal de la retraite et se constitue prisonnier afin d'éviter toute effusion de sang.

Cette audacieuse tentative fut amèrement critiquée par les ennemis de l'Empire ; on chercha même à la ridiculiser.

Il n'en subsiste pas moins que cet acte reste éclairé dans l'histoire et par la belle vaillance d'un Prince risquant sa vie pour une doctrine — le plébiscite et par la chevaleresque magnanimité qui, renonçant au succès presque atteint déjà, se livre volontairement, avare du sang d'autrui autant que prodigue du sien.

Le gouvernement de Louis-Philippe fit déporter en Amérique le Prince Louis-Napoléon tandis que tous ceux qui s'étaient compromis avec lui furent acquittés par la Cour d'assises du Bas-Rhin, témoignage non équivoque des dispositions de l'opinion publique quant à l'éventualité d'une Restauration impériale.

C'est de ce jour que date en France la popularité de Louis-Napoléon. L'âme française se prit à tressaillir pour ce Prince jeune et vaillant, incarnant si noblement la grande cause de la souveraineté nationale.

L'année suivante Louis-Napoléon revenait d'A-
mérique pour recevoir le dernier soupir de la
Reine Hortense, sa mère, qu'il entoura du plus
éperdu, du plus ardent amour filial. Puis ensuite,
et afin de ne susciter de la part du gouvernement
français aucun embarras à la Suisse, le Prince
partit pour l'Angleterre.

C'est là que le noble proscrit écrivit plusieurs
livres dont le plus remarquable porte ce titre :
Les Idées Napoléoniennes. Résumé dans cette
déclaration de l'auteur : « L'Idée Napoléonienne
consiste à concilier l'ordre avec la liberté, » ce
livre abonde en théories profondes bien que très
pratiques et révèle tout à la fois la sagesse et la
philanthropie du futur Empereur.

En 1841, le Prince accompagné de quelques
fidèles débarquait à Boulogne pour y renouveler
sa tentative de Strasbourg. Là encore, il échoue
et cette fois se voit condamné à l'emprisonne-
ment perpétuel. Interné au château-fort de Ham,
Louis-Napoléon subit avec dignité, pendant six
années, le supplice moral de cette captivité. Son
génie ne sommeille point ; il écrit dans un journal
français et publie un nouveau livre : *L'Extinc-
tion du Paupérisme.*

Ce livre est d'un grand écrivain et d'un grand
cœur. Dans ces pages magnifiques, le Prince démontre la nécessité de certaines réformes socia-

les ayant surtout pour but de mettre les pauvres à même d'arriver à l'économie et de là à la propriété pour les élever à une émancipation légitime, la seule raisonnable, la seule possible.

Parvenu au pouvoir suprême, Napoléon réalisa la plupart de ses conceptions généreuses ; le temps surtout lui manqua pour le reste. Mais n'anticipons pas.

Ayant appris la grave maladie du Roi Louis, son père, réfugié à Florence, le Prince prisonnier sollicita de Louis-Philippe l'autorisation de se rendre au chevet paternel, s'engageant sur l'honneur à venir reprendre ensuite sa captivité.

Louis-Philippe n'y consentait qu'à la condition que le Prince reconnût la légitimité de la Monarchie régnante. Repoussant avec indignation une prétention semblable, le captif résolut de tenter une évasion. Le projet était aventureux : il devait donc se présenter à l'esprit du Prince.

Précisément alors avaient lieu au château de Ham des réparations assez importantes. Aidé de son fidèle ami, le docteur Conneau, qui partageait sa captivité, le Prince se déguise en maçon et réussit, en plein jour, et sous les yeux des sentinelles et des gardes, à franchir les cours et espaces du château, portant une planche sur les épaules afin de mieux dissimuler son visage.

Cette dramatique évasion prouve une fois de plus la froide intrépidité du Prince.

Lorsqu'il eut rendu les derniers devoirs au Roi son père, il revint se fixer à Londres.

Dix-huit mois après, la journée du 24 février 1848 renversait la Monarchie Orléaniste ; une deuxième fois la République était proclamée en France.

Louis-Napoléon rentre alors dans sa Patrie et se présente à la députation dans Paris où il obtînt une majorité d'autant plus magnifique que, faute de fonds, il n'avait pu donner presque aucune publicité à cette candidature... Il est à remarquer que les Napoléons, pauvres avant leur élévation au trône ; pauvres encore après leur passage au pouvoir, ne disposèrent jamais des richesses dans lesquelles la plupart des prétendants puisent le meilleur de leur droit... Mais en revanche, la force des Napoléons manque à ces prétendants : c'est le cœur du peuple de France ! Ce trésor que nul ne leur enlèvera, suffit aux Napoléons ; ils y recourront dans l'avenir et le trouveront ouvert non moins largement que dans le passé !...

C'est à la fin de cette même année 1848 que la France appelée à élire plébiscitairement le président de la République, se prononça contre le général Cavaignac en faveur de Louis-Napoléon,

dans un indicible courant d'enthousiasme traduit par des millions de suffrages.

Plusieurs fois nous nous sommes plu à commenter, à admirer cet événement mémorable ; nous ne reviendrons donc pas aujourd'hui sur un triomphe qui resterait inexplicable si le nom des Napoléons n'était désormais le phare à la lumière duquel la France doit poursuivre ses providentielles destinées.

Telle est la première phase de l'épopée de Napoléon III ; phase essentiellement militante et dont le succès ne fut conquis que par l'invincible fermeté du Prince.

Parmi les hommes d'Etat remarquables par leur empire sur eux-mêmes, il n'en est aucun qui fut plus impénétrable que Napoléon III. Son abord froid, son visage impassible, son regard tempéré ne trahissaient jamais sa pensée. Ce privilège si précieux dans la direction des affaires publiques contribua souvent au succès de ses entreprises : quiconque ne serait pas maître de lui-même prétendrait-il maîtriser les événements ?

Toutefois, cette disposition de caractère fut souvent interprétée en lui avec malveillance. Au début de sa carrière ses ennemis le dépeignirent comme un esprit nul, plus tard ils l'accusèrent de légèreté et d'insouciance. Fort heureusement les faits devaient apporter un éclatant démenti à ces allégations passionnées ; les actes de sa politique autant que les doctrines de ses écrits révèlent en Napoléon toute la sûreté de jugement, toute l'élévation de vues d'un esprit hors ligne et d'une âme ardente.

Entre l'homme public et l'homme privé se produisait une véritable métamorphose. Dans l'intimité Napoléon III souvent affectueux, toujours profondément bon, exerçait sur tous un charme dominateur.

Le temps nous manque, Messieurs, pour vous citer même quelques-uns des traits de cette bonté que, dès l'enfance, il fallut modérer en lui : Napoléon enfant se dépouillait absolument de tout... Par cette bonté il reste au rang des quelques souverains que l'Histoire salue comme les plus grands bienfaiteurs de l'humanité. Ses ennemis eux-mêmes sont obligés de reconnaître qu'il fut bon partout et toujours ; bon envers tous, mais d'une bonté particulièrement admirable envers les petits et les faibles.

La constante préoccupation du soulagement des malheureux était en lui comme une seconde nature : soit qu'il fut exilé ou captif ou Empereur ou détrôné par le plus lâche des attentats, Napoléon III ne cessa d'appeler ou de répandre sur les humbles les bienfaits les plus précieux.

Si la bonté atteignit en lui jusqu'à ce degré

sublime n'était-ce pas parce que lui-même avait tant souffert?... Nous sommes fondés à le penser car la souffrance, lorsqu'elle étreint une âme d'élite en fait jaillir la bonté.

Contrairement à la tactique de la plupart de ceux qui se sont élevés par eux-mêmes au pouvoir souverain où ils oublient si promptement leurs promesses et leurs engagements de jadis, Napoléon, sur le trône, mit tout d'abord sa puissance au service de sa bonté pour faire de la France la nation la plus heureuse de la terre. Répandre ainsi le bonheur sur un peuple tout entier n'est-ce pas imiter Dieu lui-même dont la bonté est l'attribut le plus touchant ?...

Comme d'une source vive jaillissaient de cette bonté la générosité qui ne compte pas ; la magnanimité qui ne recule pas ; la clémence qui ne se souvient pas...

Il avait vraiment une âme « impériale » écrivait un journaliste anglais peu après la mort du souverain.

Cet éloge sous la plume d'un étranger ne devrait-il pas faire courber la tête à nombre de Français injustes autant qu'ingrats qui en s'obstinant à renier le plus beau passé de la France renient en même temps l'œuvre de nos pères !...

Dans sa générosité l'Empereur consacrait les *quatre cinquièmes* de sa liste civile à des œuvres de philanthropie ou de patriotisme. C'est de ses propres deniers qu'il assurait la conservation des palais impériaux et des manufactures de l'Etat auxquels il affectait environ dix millions. Aujourd'hui cette dépense — avec tant d'autres, hélas ! — retombe sur le contribuable. L'Empereur réservait aussi des sommes considérables à nombre de secours, dons, œuvres de progrès et d'encouragement qu'aucun souverain ne soutint plus magnifiquement. Les sciences, les lettres, les arts trouvaient toujours en lui le protecteur le plus attentif. Par ses libéralités l'agriculture prit sous son règne un essor exceptionnel.

C'est encore de ses propres fonds que l'Empereur construisit des fermes-modèles et pratiqua une foule d'expériences agricoles.

Il dessécha et boisa les dangereux marécages des Landes. Une végétation luxuriante enrichit aujourd'hui ces parages alors désolés où les malheureux habitants, sans cesse en butte aux fièvres endémiques ne pouvaient circuler que montés sur des échasses !...

C'est toujours de ses deniers personnels que l'Empereur amenda la Sologne, contrée depuis longtemps abandonnée et laissée en friche à cause de sa complète stérilité. Grâce à la munificence impériale d'abondantes moissons y réjouissent maintenant le cultivateur...

Sans aucun souci de lui-même, sans aucune préoccupation de ses intérêts personnels — intérêts cependant si légitimes — l'Empereur se plaisait à répandre sur la France entière comme une véritable pluie d'or qui n'avait à ses yeux d'autre valeur que de rendre la Patrie plus belle, plus féconde ; les Français plus riches et plus heureux.

Pendant le règne de Napoléon III le Midi fut plusieurs fois éprouvé par les inondations. L'Empereur se transportait immédiatement dans les régions sinistrées, relevant le moral de tous par sa présence, excitant le dévouement par son exemple, séchant les larmes par sa bonté. Avec son magnifique mépris du danger, il montait dans les barques de sauvetage, aidant à recueillir les victimes auxquelles il ouvrait tous les trésors de son cœur et de sa bourse, également inépuisables pour l'infortune !...

C'est aussi sur les fonds de sa cassette que Napoléon III faisait construire des églises, des maisons d'école, des salles d'asile, des crèches, des hospices pour malades et vieillards. Il assura et compléta nombre de pensions militaires et, à défaut de l'Etat, il améliora le camp de Châlons. De son côté l'Impératrice Eugénie soutenait une foule d'œuvres de bienfaisance dont le détail nous entraînerait trop loin.

Aussi parmi les gloires dont brille la mémoire de Napoléon III faut-il placer celle d'être descendu du trône non moins pauvre qu'il y était monté, ne nous lassons point de le redire et à tel point qu'après le crime du 4 Septembre la famille impériale, réfugiée en Angleterre, dut songer à se créer des ressources et l'Impératrice vendit ses bijoux !...

S'il n'y avait une sorte de profanation à comparer Napoléon III à ces hommes qui se sont frauduleusement emparés du pouvoir et qui, depuis près de quarante ans, le détiennent non moins frauduleusement, ne pourrait-on leur demander à ces hommes, par quels moyens ils se sont procuré des millions et des palais, étant arrivés à Paris à peine chaussés... Quel parallèle !...

La bonté de Napoléon III ne fut point restreinte à ces œuvres généreuses. S'asseyant avec lui sur le trône elle y devint la magnanimité qui fut la base de toute sa politique intérieure et extérieure : prendre envers et contre tous la cause du faible et de l'opprimé. Jamais l'obstacle ne l'arrêta dans cette voie magnifique.

Les ouvriers furent surtout l'objet de sa plus tendre sollicitude. Dans ses nombreux voyages à travers la France, il aimait à visiter les chantiers et les usines, examinant les travaux, étudiant les machines. Il interrogeait paternellement les ouvriers, trouvant parfois dans leurs impressions le germe d'institutions appelées à leur rendre la vie plus douce. Sans cesse préoccupé de leurs intérêts l'Empereur aimait à devancer leurs désirs. C'est ainsi que malgré la violente opposition des républicains — qui le croirait? — il concéda le droit de grève mettant les ouvriers à même de discuter dans la dignité et le calme leurs intérêts avec les patrons.

Les violences et les excès des grèves actuelles ne résultent en rien de ce droit, n'étant au contraire que la manifestation de l'esprit révolutionnaire et anarchique dont se meurt la France.

De même l'Empereur accorda le droit de coalition. C'est lui qui introduisit en France les sociétés coopératives, alimentaires et autres, les associations de secours mutuels ; différentes caisses de retraites, une caisse destinée aux invalides du travail. C'est par son initiative que furent créés les fourneaux économiques et sous le patronage du prince impérial une œuvre dite « Prêts au travail» assurant des avances aux travailleurs gênés. Il fonda en outre une œuvre facilitant aux pauvres le paiement des loyers.

Sensible pour autrui aux souffrances du corps non moins qu'à celles de l'âme l'Empereur créa le bienfait de la *Médecine gratuite*. Il établit l'assistance judiciaire avant l'existence de laquelle le pauvre se voyait dans l'impossibilité de faire valoir ses droits devant les tribunaux. C'est cette même sollicitude paternelle qui attribua en justice au témoignage de l'ouvrier valeur égale à celui du patron dont la voix avait toujours été prépondérante. Enfin c'est par les soins de l'Empereur que furent créés plus de cent cinquante établissements hospitaliers : orphelins, malades, vieillards personne n'était oublié... C'était un père plutôt qu'un souverain qui métamorphosait la France pour en bannir — autant qu'il est au pouvoir de l'homme — la souffrance et la misère.

Aussi de 1851 à 1870 le montant des dépôts aux Caisses d'Epargne avait-il presque quadruplé!...

C'est qu'à toutes ces institutions philanthropiques l'Empereur avait ajouté des lois économiques dont l'heureux fonctionnement répandait, surtout parmi les classes modestes, une aisance un bien-être inconnus. Le gain des ouvriers s'était élevé dans des proportions considérables et cela, sans causer aucune répercussion nuisible ni sur les intérêts du producteur ni sur ceux du consommateur. Un fécond équilibre canalisait sans secousse la fortune publique comme un fleuve majestueux irrigue et fertilise la campagne sans rien perdre de son abondance.

Aujourd'hui les salaires exagérés de certaines catégories d'ouvriers — salaires arrachés par la violence — ruinent le patron, affament le consommateur sans enrichir l'ouvrier auquel la cherté générale et la fréquence des chômages enlèvent par lambeaux ce bien-être mensonger.

Le malaise social actuel provient d'une mauvaise administration économique ; de l'augmentation sans cesse croissante des impôts directs, indirects surtout, généralement inaperçus ; de la dilapidation des finances publiques et du marasme de la vie nationale profondément désorganisée.

Sous Napoléon III la prospérité générale découlait de l'ordre auquel avaient donné lieu la légitimité, la force et la bienfaisance du pouvoir. Plus qu'aucun autre souverain Napoléon III mérite le glorieux titre de *Père du peuple* et l'Histoire lui décernera sans doute aussi pour récompense celui de *Napoléon-le-Bon*.

Quant au bonheur de la France comme nation il fut prodigieux sous ce règne. Des progrès de toute nature furent réalisés par l'infatigable vigilance de l'Empereur. Dans un développement sans égal s'épanouissaient le commerce et l'industrie. Routes, canaux, écoles populaires, télégraphes, usines de toute sorte, chemins de fer semblaient surgir comme par enchantement. Les

expositions universelles créèrent des chefs-d'œuvres dans toutes les branches de l'art.

Paris fut transfiguré sous l'administration pré-
fectorale du baron Haussmann et la capitale de la
France devint un joyau non seulement par la
magnificence de ses merveilles d'architecture,
mais encore par la création de quantité d'espaces libres : rues, squares, places, jardins, prome-
nades publiques par lesquels l'Empereur avait
souci d'assurer aux classes modestes, renfermées
dans Paris toute l'année, le bien-être et la santé
en même temps que l'hygiène de leurs enfants.

Et au point de vue politique qui réussirait à
décrire la splendeur de la France sous ce règne
idéal ?... Sauf sous Napoléon I\ :\ :er la France ne fut
jamais plus forte, plus grande, plus admirée,
plus fêtée, plus respectée de l'univers entier...
Par son vaste et bienfaisant génie Napoléon III
sut élever la patrie au même degré de prestige
qu'elle avait atteint sous Louis XIV... C'est encore
à la presse anglaise que nous empruntons cette
constatation.

Telle est la deuxième phase de cette seconde
épopée napoléonienne : la France ivre de gloire,
de puissance, de majesté, de richesse, de bonheur !...

Et lorsque sous une rafale parricide se fut
écroulé ce trône sous les ruines duquel la

France assassinée devait agoniser pendant quarante ans ; lorsque l'élu de ses suffrages eut recueilli — pour prix de bienfaits incomparables — la trahison, l'outrage, l'exil, sa bonté fut-elle anéantie par le cataclysme ?...

Eh bien ! Messieurs, Mesdames, c'est dans les tortures du revers final que cette bonté se révéla plus insondable, plus rayonnante encore et cette dernière phase de l'épopée napoléonienne en est peut-être la plus admirable !...

Quelle peinture assez saisissante arriverait à représenter la grandeur d'âme de ce souverain naguère encore arbitre de l'Europe et, en quelques semaines, déchu, prisonnier, proscrit, abreuvé de calomnies, rassasié d'ingratitude, luttant tout à la fois contre les souffrances physiques d'une maladie cruelle ; les morsures de l'injustice, les dards de la douleur patriotique et, dans cette passion suprême, ne sachant formuler aucune accusation, prononcer aucune parole amère !... Une plainte même ne pouvait trouver place sur ses lèvres... C'était le stoïque dans tout ce qu'il a d'invincible ; le chrétien dans tout ce qu'il a de noble.

Bien plus encore : l'Empereur ne permit jamais à ses fidèles de confondre la lâcheté des ingrats qui lui devaient tout, non plus que l'imposture des usurpateurs qui l'accusaient pour chercher à

excuser leur crime. Bazaine lui-même — Bazaine!
— trouva grâce devant lui et quand un écrivain
impérialiste se prit à flageller cet officier général
qui, par sa première trahison à Forbach, porte
peut-être toute la responsabilité de nos désastres,
l'Empereur fit mander à l'auteur de ces justes atta-
ques de vouloir bien rentrer dans le silence...

Alors, au lieu de démasquer ses ennemis — ses
ennemis qui perdirent la France en perdant son
Empereur, — au lieu de révéler la vérité comme
il en avait le droit, peut-être même le devoir, à
quoi donc songeait ce Juste ?...

Sous l'étreinte du supplice moral et physique
qui le minait, Napoléon à Chislehurst rêvait encore repos et bonheur pour ces humbles qu'il
avait tant aimés...

Jusqu'à ses derniers jours on le vit travailler
à son projet de Retraites ouvrières et l'on re-
trouva dans ses papiers le plan d'un appareil de
chauffage économique pour les ouvriers des vil-
les !...

Déchiré, meurtri par les épines de son propre
calvaire et s'oublier soi-même au point de vouloir pardonner encore à tous ; soulager encore
partout et toujours ; répandre encore sur la terre
paix et consolation, n'est-ce pas là l'idéal le plus
parfait auquel il soit donné d'atteindre à un
cœur mortel ?...

Le nom de Napoléon III vivra dans les âges auréolé de cette bonté qui fut le guide de Napoléon jeune, errant ou captif ; de cette même bonté qui s'épanouit si magnifiquement sur le trône de Napoléon Empereur ; de cette bonté enfin qui revint encore illuminer d'un rayon surnaturel le crépuscule de Napoléon martyr.

A l'aspect de cette agonie presque déjà céleste il semble que la Patrie oppressée se demande comment le Ciel put bien permettre la mort de ce cœur d'élite créé pour la gloire et le bonheur de l'humanité.

Il semble que la Patrie, dans un sanglot immense, doive à jamais protester contre cette mort...

Pourtant il faut que les prédestinés eux-mêmes paient tribut à la loi commune. Il le faut parce que leurs contemporains méconnaissants sont indignes de les conserver. Il le faut encore parce que l'Histoire se plaît à s'appuyer sur le marbre des tombeaux pour en faire surgir la mémoire des disparus qu'elle traduit à son tribunal infaillible. C'est là qu'à la voix incorruptible de la vérité l'Histoire réduisant à néant l'œuvre des passions criminelles et des artifices honteux rend à chacun selon ses œuvres.

C'est là que la douce et poétique figure de Napoléon-le-Bon enfin vengé des outrages que pardonna sa grande âme apparaîtra comme celle de l'un des souverains les plus glorieux, les plus magnanimes qu'aient à saluer les Annales du Monde ; comme celle du père le plus tendre, le plus dévoué que les Français aient eu jamais à bénir.

Ce tribunal, Messieurs, Mesdames, ne doit-il pas exister déjà dans nos cœurs ?

Ou plutôt c'est un trône que nous devons y élever à la mémoire du Souverain qui fut l'orgueil et l'amour de nos pères ; de nos pères dont la reconnaissante fierté aux soirs des victoires comme aux matins des 15 août s'exhalait en cette acclamation à l'infini répétée par les échos de la radieuse France d'alors :

— « Vive l'Empereur !!... »

IMP. HENRI JOUVE, 15, RUE RACINE, PARIS